D0679421

FUNDATIUNEA UNIVERSITARA CAROL I

ROMANIA

GEORGE AVANU

Sinaia - Palatul Știrbei · Știrbei Palace · Le Palais Știrbei · Știrbei Palast

Am ales România care veghează, România care singură și trează este paznicul viu al lumii noastre. Am ales România ce vine și se duce în veșnicie, "Frumoasa Adormită" pe care o voi umple de viața mea, Ea care mă vindecă prin câmpii devenind lumina ochilor ei, șuvița de păr pe fruntea neîntinată, rugătoare, din sufletu-i neprihănit, dreaptă ca tulpina unei flori bine sprijinită în rădăcini.

Nu vreau să fiu închis în trup trosnind asemeni unei scoarțe îmbătrânite ci în timpul coborârii încete pe versantul muntelui meu, târăsc asemeni unui veșmânt toate dealurile și câmpiile înclinându-mă de darurile hărăzite, ca un copac. România mea, mă face să fiu eu însumi, redându-mi limbajul prin care și vine marea consolare, nerespingând nici un lucru, neregretând nimic, învățând virtutea temeliilor "Bucuria de a exista".

O priveliște care durează nu e nimic, nu-ți mai dă viață, te moleșește și te plictisește căci nu mai este victorie ci o simplă priveliște împlinită. România aceasta vindecă sufletele fără frică, singură îndrăzneala stopează împotrivirea.

Pacea culorilor, nesfârșita poezie a umbrelor, netăgada formelor, șovăiala pașilor, dorul inocenței, insulele tăcerilor, îngenuncherea amurgului, semeția răsăritului, pot deveni mai vechi sau mai noi unice repere de bucurie. Bucuria mea se lasă "înfrântă" uneori de singura revelație fremătătoare a anotimpurilor și de atunci .....

Mă cheamă lumina, e o existență permanentă de dincolo, de aici, nu mă împotrivesc și sunt de fiecare dată mai treaz, mai amețit la întâlnirea cu atâta fericire. Și din toate minunile lumii mă simt "ales" prin această respirație sublimă. Și înțeleg ... respirăm doar prin "El" - ca o consimțire a iubirii.

Aparent trăim zilnic "Cântecul Lebedei", în adâncuri trăim viața prinsă în rădăcini mai adânci, surprinși prin fiecare suflare de forța inegalabilă a pământului. Acest pământ avea să se numească fascinant: România.

George Avanu

I have chosen Romania that watches over, a Romania that alone and awake is the guardian of our world. I have chosen Romania that comes and goes into eternity. " The sleeping beauty" which I will fill with my love, the one that heels me with its plains and becomes the light of my eyes, a hair lock from my unblemished forehead, praying, from its pure soul, haughty as the stem of a well supported flower in the ground.

*I don't want to be locked in my body, snapping like an old bark, but, as I go slowly down the slope of my mountain, I drag, just like a garment, all the hills and plains, bowing to the great gifts, like a tree. My Romania makes me be myself, giving back my language, which brings me great comfort, without rejecting and regretting anything, and learning the virtues of foundations "**The joy of being alive**"*

A view that lasts is nothing, doesn't give you life anymore, it wears you out and it gets you bored because it isn't a victory, but a mere fulfilled view. This Romania heels our souls without fear, alone, boldly it stops resistance.

The peace of the colors, the endless poetry of the shadows, undeniable shapes, the hesitation of the footsteps, the longing of the innocence, the islands of the silences, the kneeling of the twilight, the pride of the dawn, they all can become older or younger sole landmarks of joy. My joy sometimes lets itself conquered by the only charming revelation of the seasons back then.....

The light calls me, it is a perpetual existence from out there, from here, I don't fight against it, and I become more awake every time, more lightheaded by encountering so much happiness. And of all the wonders of the world, I feel the "chosen" one, because of this sublime breath. And I understand.... I breathe through "Him"- as consent to love.

We apparently live daily the "The song of the Swans", deep down we live our life caught in deeper roots, surprised with every breath of power of the untouchable earth. And this earth would be named with fascination: Romania

a life lover
George Avanu

Dumbrăveni - *Biserica Armenească* · *Armenian Church* · *Eglise Arménienne* · *Armenische Kirche*

J'ai choisi la Roumanie qui veille, la Roumanie qui elle, seule et éveillée, est le gardien vif du notre monde. J'ai choisi la Roumanie qui vient et s'en va vers l'éternité. "La belle dormante" que je vais remplir de ma vie, Elle qui me guérit par ses champs, en devenant la lumière de ses yeux et, sa mèche de cheveux sur le front pur, pieux, de son âme sans tache, droite comme la tige d'une fleur bien appuyée sur ses racines.

*Je ne veux pas être renfermé dans mon corps en craquant telle une écorce vieillie, mais pendant ma descente lente sur le versant de ma montagne , je traine pareil à un vêtement sur toutes les collines et les champs, en me penchant sous le poids des dons voués, comme un arbre. Ma Roumanie, me détermine à être moi-même, en me redonnant le langage par lequel arrive le grande consolation, en ne repoussant rien, en ne regrettant rien, en apprenant la vertue des fondements "**La joie d'être**"*

Une vue qui dure, ce n'est rien, ne te donne plus de vie, te rend mou et t'ennuie, car ce n'est plus une victoire, mais une simple vue accomplie. Cette Roumanie guérit les âmes sans crainte, l'audace seule arrête l'opposition.

La paix des couleurs, l'infinie poésie des ombres, l'acceptation des formes, l'hésitation des pas, l'envie de l'innocence les ils des silences, l'agenouillement des couchers, la grandeur de lever, peuvent devenir plus anciens ou plus nouveleux, uniques repères de joie. Ma joie se laisse vaincue parfois par la seule révélation frémissante des saisons et depuis...........

La lumière m'appelle, comme une existence perpétuelle d'ici et d'ailleurs; je n'essaie pas lui résister et je suis, toujours, plus réveillé, plus béni lors de rencontrer tel bonheur. Des toutes les merveilles du monde je me considère "le privilégié" pour respirer cet air sublime. C'est alors que je compreds ... nous respirons uniquement par " Lui" - comme une acceptation de l'amour.

Apparement on vit quotidiennement le " Chante de Cygne" aux profondeurs on vit la vie prise dans des racines plus profondes, surpris par chaque souffle de force inégalable de la terre. Cette terre allait s'appeler d'une maniere fascinante La Roumanie.

a ceux qui aiment la vie
George Avanu

Bușteni - Munții Bucegi · The Bucegi Mountains · Les montagnes Bucegi · Bucegi Gebirge

Ich habe mich für Rumänien der wacht entschieden. Allein und wach, ist es den lebendigen Wächter unserer Welt. Ich habe Rumänien gewählt, die aus Ewigkeit kommt und zu Ewigkeit führt, „Die Dornröschen", die ich mit meinem Leben füllen werde. Sie, die mich durch Wiese heilt, die das Licht ihrer Augen werden. Das Haarbüschel auf die makellose Stirn, bittend, aus der unbefleckten Seele, gerade wie den Stiel einer Blumen, gut unterstützt von den Würzeln.

*Ich will nicht in meinem Körper geschlossen sein, wie eine veraltete Kruste, sondern, während des langsamen Abstieg aus meinem Berghang, schleife alle Berge und Wiese, fallend auf den zueigneten Gaben, wie ein Baum. Mein Rumänien macht mich selbst sein, es gibt mir meine Sprache zurück und dazu kommt aus mein großen Trost und ich lehne nichts und ich bedauerne nicht, denn ich die "**Freude zu sein**" lerne.*

Eine dauerhafte Ansicht ist nichts, es gibt man kein Leben, es geschwächt und belästigt, es gibt keinen Sieg, sondern eine einfache erfüllte Ansicht. Rumänien heilt die fürchtlosen Seelen, allein das Wagnis stoppt den Widerstand.

Die Ruhe der Farben, das endlose Gedicht der Schatten, die Unstreitigkeit der Formen, die Schwankung der Schritte, die Sehnsucht der Unschuld, die Inseln der Stille, die Unterwerfung der Dömmerung, die Hoffart des Sonnenaufgangs können altere oder neuere Freude sein. Meine Freude wird manchmal von der alleinigen rauschenden Offenbarung der Jahreszeiten „besiegt" und seit dann......

Das Licht ruft mir, es ist eine daurhafte Existenz von jenseits, von hier. Ich stehe nicht wieder und bin immer wacher, immer schwindelig, wenn ich mich mit solcher Glück treffe. Und aus allen Wunder der Welt, fühle ich mich durch diese erhabene Respiration "gewählt". Und ich verstehe ....wir atmen nur durch "Ihn" – wie eine Bereitschaft zur Liebe.

Scheinbar, leben wir täglich den "Schwanengesang", in unseren Tiefen füllen wir das Leben mit tiefen Würzeln, jeder Atem wird von einer unvergleichlicher Kraft der Erde überrascht. Dieses Land hat einen faszinierenden Namen: Rumänien

George Avanu

Alba Iulia · Ansamblul urban fortificat, Poarta 2 · The fortified urban assembly, Gate 2 ·
L'Ensemble urbain fortifié, Porte 2 · Befestigte städtebauliches Ensemble, Gate 2

Podeţ la Letea · Small bridge at Letea · Petit pont à Letea · Letea- kleine Brücke

△ Dunărea la Măcin · The Danube at Măcin · Le Danube à Măcin · Die Donau bei Măcin

Dunărea la Letea · The Danube at Letea · Le Danube à Letea · Die Donau bei Letea

Munţii Făgăraş · The Făgăraş Mountains · Les Montagnes Făgăraş · Făgăraş Gebirge

Fundăţica - Pastel de primăvară · Spring Pastel · Pastel de printemps · Frühligpastel

Munţii Bucegi · The Bucegi Mountains · Les Montagnes Bucegi · Bucegi Gebirge

Fundata - Munții Bucegi · The Bucegi Mountains · Les Montagnes Bucegi · Bucegi Gebirge

◁ *Munții Măcin · The Măcin Mountains · Les Montagnes Măcin · Măcin Gebirge*

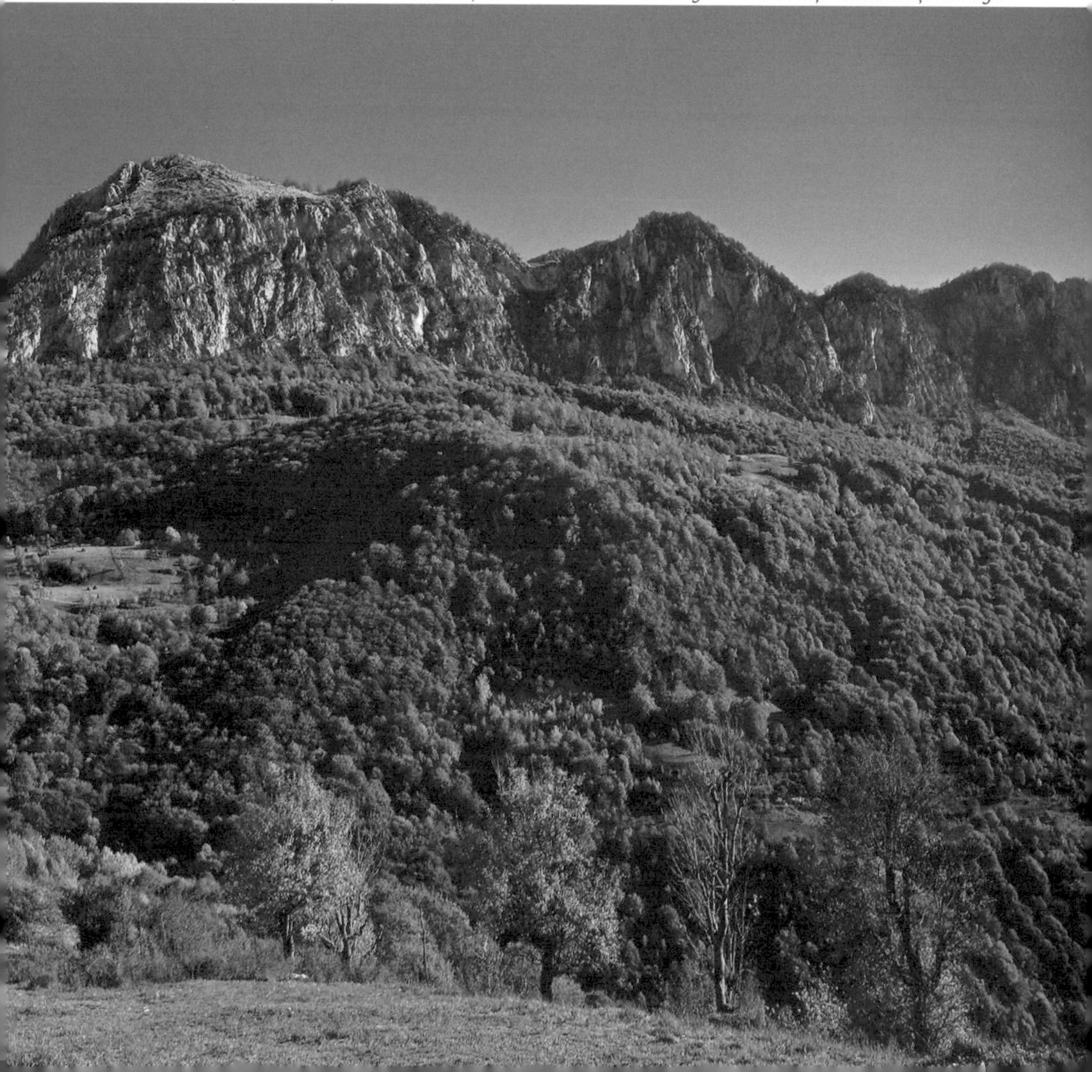

Munţii Retezat · The Retezat Mountains · Les Montagnes Retezat · Retezat Gebirge

Δ Munţii Apuseni, Groapa Ruginoasa · The Apuseni Mountain · Les Montagnes Apuseni · Apuseni Gebirge

"Detunata Cheală" - *Munții Apuseni · The Apuseni Mountains · Les Montagnes Apuseni · Apuseni Gebirge*

Turda · Salina · Salt mine · Mine de sel · Salzbergwerk

Roman - Casa Ioachim · Joachim House · Maison Joachim · Joachim Haus

Târnăveni - Fostul Cazinou · Former Casino · L' ancien Casino · Ehemaligen Casino

Constanţa - Cazinoul · The Casino · Le Casino · Kasino

Sinaia - Cazinoul · The Casino · Le Casino · Kasino

Bucureşti - Atheneul Român · Roumanian Athenaeum · L'Athénée Ruomain · Rumänische Athenäum

Bucureşti - Palatul Şuţu · Şuţu Palace · Palais Şuţu · Şuţu Palast

Sarmizegetusa Regia · Sanctuarul mare circular · The large circular sanctuary · Le grand sanctuaire circulaire · Das große runde Sanktuar

Corbii de Piatră - La porțile Cerului · At the Sky gates · Devant les portes du Ciel · an die Pforten des Himmels

Mânăstirea Voroneţ · Voroneţ Monastery · Le monastère Voroneţ · Kloster Voroneţ

Curtea de Argeş - Biserica Episcopală · The Episcopal Church · L'Église Episcopale · die Episkopale Kirche

Mânăstirea Sinaia · Sinaia Monastery · Le Monastères Sinaia · Kloster Sinaia

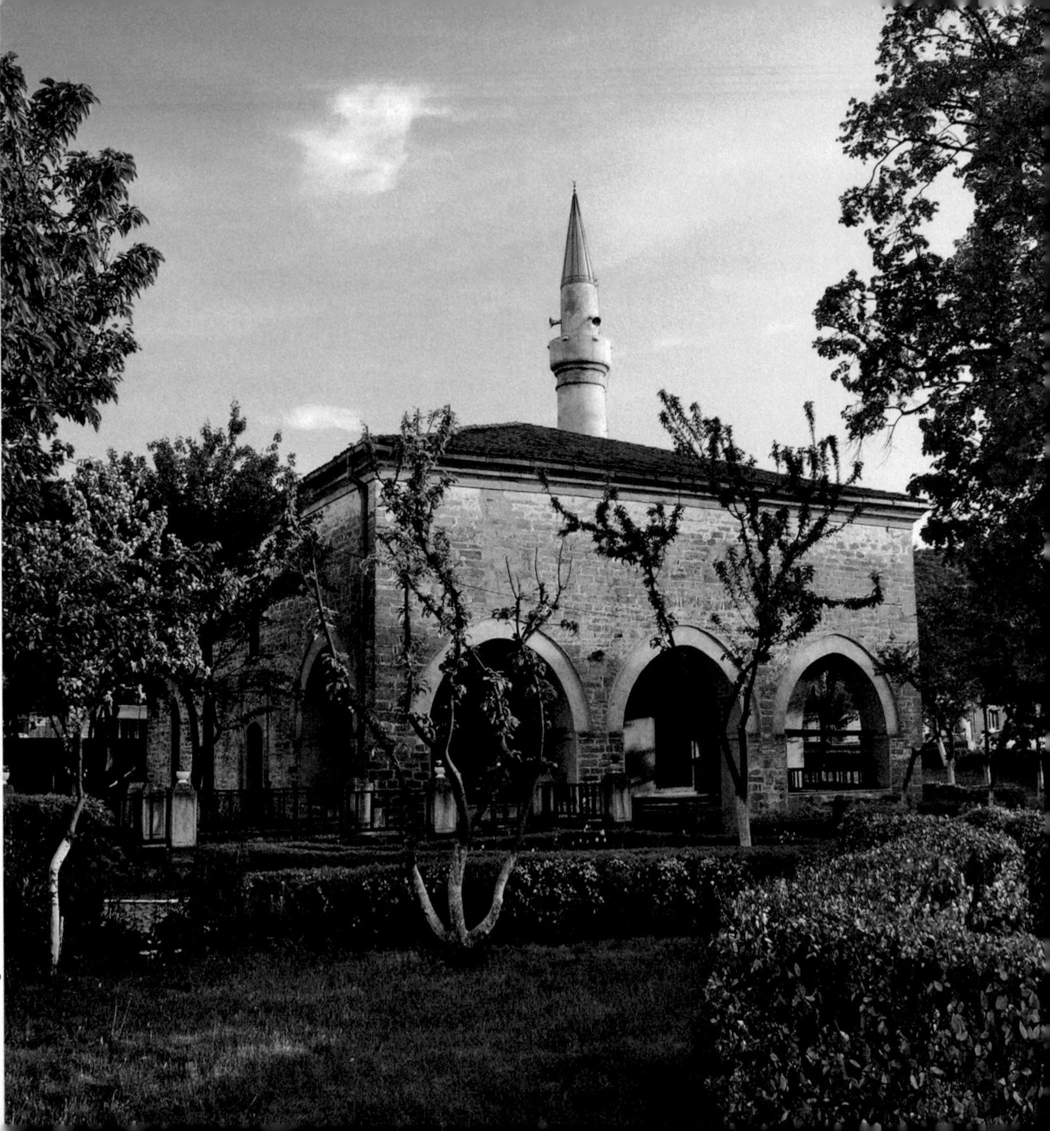

∇ Babadag – Moschee · The mosque · Mosquée · Moschee Δ

Cisnădioara - Cetatea Cisterciană • Cistercian Fortress • Citadelle Cistercienne • Die zisterzinische Burg

◁ *Cetatea Făgăraş • Făgăraş Fortress • La Citadelle de Făgăraş • Fogarascher Burg*

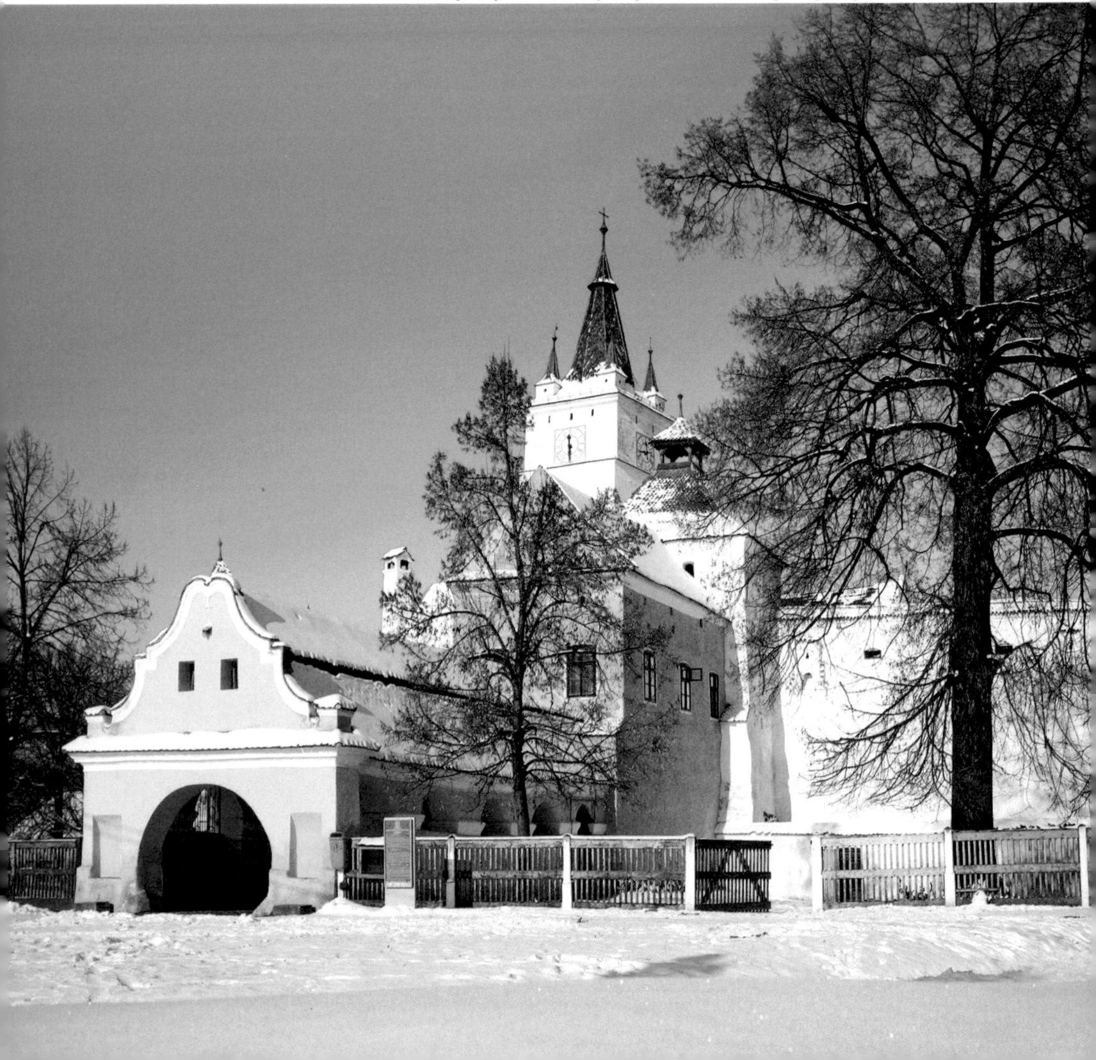

Biertan - Biserica fortificată · The fortified church · L'église fortifiée · Kirchenburg

Sibiu · Piața Mică · The Small Square · La Petit Place · Kleiner Ring ▽

△ Biserica Evanghelică · The Evangelical Church · L'Église Évangélique · Evangelische Stadtpfarkirche

Braşov - Biserica Neagră · The Black Church · L'Église Noire · Schwarze Kirche

Braşovul noaptea · Braşov by night · Nuit au Braşov · Kronstadt bei Nacht

Călineşti - Conacul Miclescu · Miclescu Mansion · Manoir Miclescu · Miclescu Herrenhaus

Călineşti · Conacul Miclescu · Miclescu Mansion · Manoir Miclescu · Miclescu Herrenhaus

Hunedoara - Castelul Huniazilor · Huniad Castle · Château des Hunyades · Schloss der Huniaden

Zau de Câmpie - Castelul Ugron · Ugron Castle · Château Ugron · Ugron Schloss

Cetatea de Baltă · Castelul Bethlen-Haller · Bethlen-Haller Castle · Château Bethlen-Haller · Bethlen-Haller Schloss

Cetatea de Baltă - Castelul Bethlen-Haller · Bethlen-Haller Castle · Château Bethlen-Haller · Bethlen-Haller Schloss

Mogoşoaia - Palatul Brâncoveanu-Bibescu · Brâncoveanu-Bibescu Palace ·
Palais Brâncoveanu-Bibescu · Brâncoveanu-Bibescu palast

Câmpina - Castelul Hașdeu · Hașdeu Castle · Château Hașdeu · Schloss Hașdeu

Sinaia · Castelul Pelişor · Pelişor Castle · Château Pelişor · Schloss Pelişor
Castelul Pelişor · Pelişor Castle · Château Pelişor · Schloss Pelişor

Eternul Maramureş · Eternal Maramureş · L'eternel Maramureş · Das ewige Maramureş

▽ Săpânţa · Cimitirul Vesel · The Joyous Cemetery · Le Cimetiere Joyeux · Der lustige Friedhof